¡Conocimiento a tope!
Tiempo tecnológico
Las partes trabajan juntas

Cynthia O'Brien
Traducción de Pablo de la Vega

CRABTREE
PUBLISHING COMPANY
WWW.CRABTREEBOOKS.COM

T0011100

Objetivos específicos de aprendizaje:
Los lectores:
- Entenderán que las tecnologías están hechas de distintas partes que trabajan juntas.
- Explicarán cómo las partes de una bicicleta trabajan juntas en un sistema.
- Identificarán ideas principales en el texto y las explicarán usando sus propias palabras.

Palabras de uso frecuente (primer grado)	Vocabulario académico
ayuda(n)(r), de, el, es, hace(n)(r), la, son, un, una, vaya, y	cadena, conectar, lentes, marco, pedal, sistema, tecnología

Estímulos antes, durante y después de la lectura:

Activa los conocimientos previos y haz predicciones:
Pide a los niños que lean el título y vean la imagen de la tapa. Pregúntales:

- ¿De qué piensan que tratará el libro?
- Miren alrededor del aula. ¿Pueden encontrar algo que tenga más de una parte? ¿Cómo trabajan juntas sus partes?

Durante la lectura:
Después de leer las páginas 6 y 7, pide a los niños que hablen con el compañero de al lado sobre la idea principal de ambas páginas. Lleva el intercambio de ideas a todo el grupo. Pregunta a los niños:

- ¿Cuál es la idea principal de las páginas 6 y 7?

- ¿Qué ejemplos e imágenes usa la autora para ayudarnos a entender la idea principal?
- ¿Pueden pensar en otros ejemplos?

Después de la lectura:
Habla con ellos acerca de lo importante que es que todas las partes en una tecnología trabajen como si fueran un equipo para que funcione como debe. Examina el diagrama etiquetado de las páginas 8 y 9. Invita a los niños a escoger otro ejemplo del libro o del aula. Pídeles que formen grupos y hagan un diagrama de esa tecnología y etiqueten sus partes. Invita a cada grupo a presentar sus diagramas. Habla acerca de cómo las partes trabajan juntas para permitir que cada tecnología funcione como debe.

Author: Cynthia O'Brien

Series development: Reagan Miller

Editor: Janine Deschenes

Proofreader: Melissa Boyce

STEAM notes for educators: Janine Deschenes

Guided reading leveling: Publishing Solutions Group

Cover and interior design: Samara Parent

Photo research: Cynthia O'Brien and Samara Parent

Print coordinator: Katherine Berti

Translation to Spanish: Pablo de la Vega

Edition in Spanish: Base Tres

Photographs:
iStock: LeManna: front cover; Wavebreakmedia: p. 4; wundervisuals: p. 6; SeventyFour: p. 21 (top)
All other photographs by Shutterstock

Library and Archives Canada Cataloguing in Publication

Title: Las partes trabajan juntas / Cynthia O'Brien ; traducción de Pablo de la Vega.
Other titles: Parts work together. Spanish
Names: O'Brien, Cynthia (Cynthia J.), author. | Vega, Pablo de la, translator.
Description: Series statement: ¡Conocimiento a tope! Tiempo tecnológico | Translation of: Parts work together. | Includes index. | Text in Spanish.
Identifiers: Canadiana (print) 20200300822 | Canadiana (ebook) 20200300830 | ISBN 9780778784227 (hardcover) | ISBN 9780778784340 (softcover) | ISBN 9781427126597 (HTML)
Subjects: LCSH: Technology—Juvenile literature. | LCSH: Machinery—Juvenile literature.
Classification: LCC T48 .O2718 2021 | DDC j620—dc23

Library of Congress Cataloging-in-Publication Data

Names: O'Brien, Cynthia (Cynthia J.), author. | Vega, Pablo de la, translator. | O'Brien, Cynthia (Cynthia J.). Parts work together.
Title: Las partes trabajan juntas / Cynthia O'Brien ; traducción de Pablo de la Vega.
Other titles: Parts work together. Spanish
Description: New York : Crabtree Publishing Company, [2021] | Series: ¡Conocimiento a tope! Tiempo tecnológico | Includes index.
Identifiers: LCCN 2020034139 (print) | LCCN 2020034140 (ebook) | ISBN 9780778784227 (hardcover) | ISBN 9780778784340 (paperback) | ISBN 9781427126597 (ebook)
Subjects: LCSH: Machine parts--Juvenile literature.
Classification: LCC TJ243 .O2718 2021 (print) | LCC TJ243 (ebook) | DDC 621.8/2--dc23

Printed in the U.S.A./102020/CG20200914

Índice

Crabtree Publishing Company

www.crabtreebooks.com   1-800-387-7650

Published in Canada
Crabtree Publishing
616 Welland Ave.
St. Catharines, Ontario
L2M 5V6

Published in the United States
Crabtree Publishing
347 Fifth Ave
Suite 1402-145
New York, NY 10016

Published in the United Kingdom
Crabtree Publishing
Maritime House
Basin Road North, Hove
BN41 1WR

Published in Australia
Crabtree Publishing
Unit 3 – 5 Currumbin Court
Capalaba
QLD 4157

Hecho de partes

Una tecnología es una herramienta que nos ayuda a hacer cosas. La gente crea tecnologías para hacer la vida más fácil, segura y divertida.

repisa

silla

lápiz

computador

¿Cuántas tecnologías ves en esta fotografía?

Muchas tecnologías están hechas de partes distintas.

asiento

agarradera

agarradera

asiento

Un subibaja está hecho de partes. Tiene un asiento y agarraderas para ayudar a la gente a usarlo. Tiene partes que ayudan a que se mueva arriba y abajo.

Trabajando juntas

Las partes de una tecnología trabajan juntas para formar un **sistema**. Hacen que la tecnología funcione como debe.

gafas

brazo

Las gafas oscuras **protegen** a tus ojos del Sol. Tienen partes que trabajan juntas. Sus **lentes** bloquean algunos **rayos** solares. Sus marcos mantienen a las gafas en su lugar.

lente

botón

Una cámara tiene muchas partes. Vemos a través de un lente. Presionamos un botón para tomar una foto. Todas sus partes trabajan juntas.

Las partes de una bicicleta

Una bicicleta es una tecnología. Hace más fácil y divertido ir de un lugar a otro.

Una bicicleta tiene un sistema con muchas partes. Juntas, hacen que la bicicleta funcione.

¿Conoces estas partes de la bicicleta?

asiento

cadena

manubrio

frenos

marco

pedal

ruedas

Haz que se mueva

Una bicicleta tiene dos ruedas. Las ruedas giran. Hacen que la bicicleta se mueva.

ruedas

Una bicicleta tiene dos **pedales**. Empujar los pedales hace que las ruedas giren.

Cuando montamos una bicicleta, empujamos los pedales hacia abajo usando nuestros pies.

Pedalea

Cuando empujamos los pedales, o pedaleamos, las ruedas giran y la bicicleta se mueve. Los pedales **conectan** la rueda trasera con una cadena.

cadena

La cadena rodea una parte junto a los pedales. También rodea una parte en la rueda trasera. Hace que la rueda gire cuando pedaleamos.

La cadena ayuda a los pedales
a hacer que giren las ruedas.

De dónde agarrarse

¿Cómo hacer que la bicicleta vaya a donde queremos que vaya? ¡Usas el **manubrio**!

manubrios

Haces que la bicicleta dé vuelta al mover el manubrio a la izquierda o a la derecha. Para seguir derecho, mantienes el manubrio centrado.

Muchas bicicletas tienen frenos en el manubrio. Presionas los frenos para hacer que la bicicleta se detenga. ¡Los frenos son una tecnología que te da seguridad al montar en bicicleta!

frenos

El asiento y el marco

Una bicicleta tiene un asiento. Es un lugar suave donde el conductor se sienta.

asiento

Puedes mover hacia arriba o abajo el asiento de la bicicleta. ¡Permite que esté cómodamente a tu **altura**!

Una bicicleta tiene un **marco**.
Mantiene juntas todas las partes.

marco

Esta bicicleta tiene un marco rojo.
Conecta las ruedas, los asientos,
los pedales y el manubrio.

Cada parte es importante

Todas las partes de una bicicleta trabajan juntas. Cuando todas las partes trabajan, la bicicleta se mueve, da vuelta y se detiene. Si falta una parte o está rota, la bicicleta no funcionará como debe.

Si la cadena está rota, los pedales no podrán hacer que las ruedas giren. Sin manubrio, la bicicleta no puede ir a donde quieres. Sin asiento, la bicicleta es difícil de montar. Cada parte es importante.

Funcionando bien

¿Qué otras tecnologías tienen sistemas hechos con muchas partes?

casco

patinete

Un patinete es una tecnología. Un casco también es una tecnología. Ambos están hechos de partes. ¿Puedes pensar cuáles son esas partes que los hacen funcionar?

hojas

mangos

¡Las tijeras son una tecnología hecha de partes! Tienen mangos para sostenerlas. Tienen dos **hojas** para cortar.

¿Te gustan los computadores? Esta tecnología está hecha de muchas partes grandes y pequeñas. ¡Sus partes trabajan juntas para ayudarte a aprender, trabajar y jugar!

Palabras nuevas

altura: sustantivo. Cuánto mide algo hacia arriba.

conectan: verbo. Que unen.

hojas: sustantivo. Partes planas de una herramienta que sirven para cortar.

lentes: sustantivo. Piezas curvas de material, usualmente vidrio, a través de las cuales se puede ver.

manubrio: sustantivo. Parte de una bicicleta donde se apoyan las manos para conducirla.

marco: sustantivo. Una estructura que une o soporta algo.

pedales: sustantivo. Partes de una bicicleta que los pies empujan, presionan o donde reposan.

protegen: verbo. Que evitan que sea lastimado.

rayos: sustantivo. Barras de luz que salen de objetos brillantes.

sistema: sustantivo. Un grupo de partes que forman un todo.

Un sustantivo es una persona, lugar o cosa.

Un verbo es una palabra que describe una acción que hace alguien o algo.

Un adjetivo es una palabra que te dice cómo es alguien o algo.

Índice analítico

Sobre la autora

Cynthia O'Brien ha escrito muchos libros para jóvenes lectores. Es divertido ayudar en la creación de una tecnología como el libro. Los libros pueden estar llenos de historias. También te enseñan acerca del mundo que te rodea, incluyendo otras tecnologías, como los robots.

Para explorar y aprender más, ingresa el código de abajo en el sitio de Crabtree Plus.

www.crabtreeplus.com/fullsteamahead

Tu código es:
fsa20

(página en inglés)

Notas de STEAM para educadores

¡Conocimiento a tope! es una serie de alfabetización que ayuda a los lectores a desarrollar su vocabulario, fluidez y comprensión al tiempo que aprenden ideas importantes sobre las materias de STEAM. *Las partes trabajan juntas* ayuda a los lectores a identificar las ideas principales de un texto estableciendo ideas contundentes, repitiéndolas y usando ejemplos. La actividad STEAM de abajo ayuda a los lectores a expandir las ideas del libro para el desarrollo de habilidades tecnológicas, artísticas y científicas.

Sistemas y predicciones

Los niños lograrán:
- Entender cómo las partes de las tecnologías del aula o de la casa trabajan juntas.
- Hacer predicciones sobre lo que podría suceder si hace falta una parte de una tecnología.

Materiales
- Hoja de trabajo «Hecha de partes».
- Hoja de predicciones.
- Cartulina y papel.
- Materiales para el proyecto, como cajas, papel, cartón, pegamento, cinta adhesiva, palitos de manualidades, rollos de papel y materiales de arte.

Guía de estímulos
Después de leer *Las partes trabajan juntas*, pregunta a los niños:
- ¿Pueden dar ejemplos de tecnologías hechas con muchas partes?
- ¿Por qué es importante que todas las partes trabajen como deben?

Actividades de estímulo
Haz que los niños exploren el aula o pídeles que exploren su casa una tarde. Deberán encontrar una tecnología hecha de dos o más partes. Pide a cada niño que llene la hoja de trabajo «Hecha de partes», en la que deberán identificar la tecnología y hacer un diagrama con etiquetas.

Pide a los niños que trabajen en parejas. Deberán intercambiar entre ellos las tecnologías escogidas y su hoja de trabajo «Hecha de partes». Luego, cada niño deberá llenar la hoja de predicciones basándose en la tecnología de su compañero.

Pide a cada niño que haga un cartel con el nombre de su tecnología, una copia final de su diagrama y las predicciones hechas sobre su tecnología. El diagrama debería estar al centro, y el resto del cartel debe ser tan llamativo como sea posible.

Cuando los carteles estén listos, organiza un paseo con los niños por los carteles de sus compañeros. Haz que intercambien puntos de vista entre todos sobre las predicciones y la importancia de que las partes trabajen juntas.

Extensiones
Encuentra una tecnología simple y económica que tenga muchas partes. Pide a los niños que hagan predicciones de lo que podría suceder si distintas partes hicieran falta. Luego, retira una o más partes. Ve qué sucede y reflexiona sobre las predicciones.

Para ver y descargar las hojas de trabajo, visita **www.crabtreebooks.com/resources/printables** o **www.crabtreeplus.com/fullsteamahead** (páginas en inglés) e ingresa el código **fsa20**.